Hasán's Adventures in *Puerto Rico*

Las aventuras de Hasán en Puerto Rico

Yvette Canoura

Illustrated by Elí Samuel Reyes & Samara Nicole Eckert

Students Advertising Design Workshop/Estudiantes Taller Diseño Publicitario
Specialized Central School of Visual Arts/ Escuela Especializada Central de Artes Visuales

ISBN: 978-1-7349980-6-1

Cover image/Imagen de portada por Samara Nicole Eckert. Edits/Editado por Elí Samuel Reyes
Illustrations/Ilustraciones/Bocetos: Grupo de estudiantes Taller Diseño Publicitario Escuela Central de Artes Visuales.
Edits/Editado por Elí Samuel Reyes y Samara Nicole Eckert
Book design/Diseño de libro Elí Samuel Reyes
Book layout/Diagramación del libro Ángel Rivera

www.yvettecanoura.com

Hasan,
The brightest star that guides my life. I cherish every summer spent in Puerto Rico by your side. They were some of the happiest memories of my life. Thank you for being an extraordinary human being. I love you to the moon and back.

Hasan,
La más brillante estrella que guía mi vida. Atesoro cada verano que pasamos juntos en Puerto Rico. Estos han sido algunos de los momentos más felices de mi vida. Gracias por ser un ser humano extraordinario. Te amo hasta la luna y más allá.

Once upon a sunny summer in New Orleans, there lived a little boy named Hasan Andrés. Hasan was a unique boy because his dad was from Syria, and his mom was from Puerto Rico. He was their most precious gift, and they loved him very much.

Érase una vez, en un soleado verano en Nueva Orleans, un niño llamado Hasan Andrés. Hasan era un niño único, pues su papá era de Siria y su mamá de Puerto Rico. Él era su regalo más preciado y lo amaban mucho.

When Hasan was five years old, his dad had a brilliant idea.

"Would you like to spend your summer with Mommy in Puerto Rico?" he asked Hasan with a big smile. "It will be an adventure to learn about the culture, language, and customs that are also a part of you."

Hasan's eyes lit up with excitement, and he immediately replied, "Yes! But, are you coming with us, Daddy?"

"I have to stay working, but I promise to come visit," his dad said, giving him a warm hug.

Cuando Hasan tenía cinco años, su papá tuvo una idea brillante.

—¿Te gustaría pasar el verano con mamá en Puerto Rico?—le preguntó a Hasan con una gran sonrisa. —Será una aventura para aprender sobre la cultura, el idioma y las costumbres que también forman parte de ti.

Los ojos de Hasan se iluminaron de emoción y respondió de inmediato. —¡Sí! ¿Vas a venir con nosotros, papi?

—Tengo que quedarme trabajando, pero prometo ir a visitarte— dijo su papá, dándole un cálido abrazo.

And so, Hasan and his mom packed their bags and boarded a plane from Louisiana to Puerto Rico.

"Puerto Rico is a small island in the Caribbean. It's about 100 miles long and 35 miles wide," his mom said.

"That sounds super big to me," Hasan replied as his mom giggled.

"Puerto Rico has a special nickname, La Isla del Encanto[1], the Island of Enchantment. Doesn't that sound magical?" his mom asked.

"Yes, Mommy. I'm so excited."

As they landed on the island, Hasan felt wonder and joy.

Y así, Hasan y su mamá empacaron sus maletas y abordaron un avión de Luisiana a Puerto Rico.

—Puerto Rico es una pequeña isla en el Caribe. Tiene aproximadamente 100 millas de largo y 35 millas de ancho.

—Eso suena muy grande— respondió Hasan mientras su mamá se reía.

—Puerto Rico tiene un apodo especial, la "Isla del Encanto". ¿No suena mágico?— preguntó su mamá.

—Sí, mami. ¡Estoy muy emocionado!

Al aterrizar en la isla, Hasan se sintió maravillado y alegre.

Coquí
Coquí
Coquí
Coquí
Coquí
Coquí
Coquí
Coquí
Coquí
Coquí
Coquí

At nightfall, Hasan heard a sound outside his window.

"Coquí[2], coquí!"

"Is that a bird?" Hasan asked his mom.

"No." She chuckled. "It is a tiny, brown frog native to Puerto Rico called coquí."

"Can we take a coquí back to New Orleans? I want all my friends to hear it sing."

"No, sweetie. The coquí loves Puerto Rico so much that if it leaves the island, it will feel sad and lonely."

"You're right, Mommy. I think it will be better if my friends come to visit the coquí."

Al caer la noche, Hasan escuchó un sonido que venía de afuera de su ventana.

—¡Coquí, coquí!

—¿Eso es un pájaro? — le preguntó Hasan a su mamá.

—No— se rio —Es una pequeña rana color marrón, nativa de Puerto Rico, llamada coquí.

—¿Nos podemos llevar un coquí para Nueva Orleans? Quiero que todos mis amigos lo escuchen cantar.

—No, cariño. El coquí ama tanto a Puerto Rico que si sale de la isla, estará muy solo y triste.

—Tienes razón, mami. Creo que será mejor si mis amigos vienen aquí a visitar al coquí.

The next morning, they were up bright and early to go to Ponce[3], the second largest city on the island located on the south coast of Puerto Rico. They visited the Centro Ceremonial Indígena de Tibes[4], the Tibes Ceremonial Indigenous Center.

"Did you know that your grandmother Suzette, my mommy, was born in Ponce?"

"Really?"

"Today we are visiting her town to learn about our ancestors, the very first people to live in Puerto Rico, the Taíno[5]Indians," his mom said.

When they arrived, Hasan couldn't wait to explore the grounds. He saw huge rocks with carved symbols.

"This is how the Taínos drew a picture of the coquí," his mom pointed out.

"That's so cool." Hasan lit up with curiosity and reached out with his finger to trace the coquí on the surface of the massive rock.

"The Taínos named Puerto Rico, Borikén[6]. Others call it Borinquen[7]. Both names are correct, and they mean the land of the brave man," his mom explained. "People from Puerto Rico are also called Boricuas[8], in honor of their ancestors and traditions."

"So, I'm Boricua?"

"Yes." His mom smiled.

"Can we go in there?" Hasan asked when he saw the bohío[9], a Taíno house that was made of wood, branches, and straw with a cone-shaped roof.

A la mañana siguiente, se levantaron temprano para ir a Ponce, la segunda ciudad más grande de la isla, ubicada en la costa sur de Puerto Rico. Ahí visitaron el Centro Ceremonial Indígena de Tibes.

—¿Sabías que tu abuela Suzette, mi mamá, nació en Ponce?

—¿De verdad?

—Hoy estamos visitando su ciudad para aprender sobre nuestros antepasados, las primeras personas que vivieron en Puerto Rico, los indios taínos— dijo su mamá.

Cuando llegaron, Hasan estaba ansioso por explorar el lugar. Vio enormes rocas con símbolos tallados.

—Así es como los taínos dibujaban el coquí— señaló su mamá.

—Eso es genial— Hasan se iluminó de curiosidad y extendió el dedo para trazar el coquí en la superficie de la enorme roca.

—Los taínos llamaban a Puerto Rico "Borikén". Otros le dicen "Borinquen". Ambos nombres son correctos y significan "la tierra del hombre valiente"— explicó su mamá. —Las personas de Puerto Rico también son boricuas, en honor a sus antepasados y sus tradiciones.

—Así que, ¿soy boricua?

—Sí— sonrió su mamá.

—¿Podemos entrar ahí?— preguntó Hasan al ver el bohío, una casa taína hecha de madera, ramas y paja con un techo en forma de cono.

11

While in Ponce, they went to the Parque de Bombas[10], a historic firehouse in Plaza Las Delicias[11], the town square.

"The red and black stripes are awesome. Look at that old fire truck!" Hasan was so excited.

"Stay there. Let me take a picture," his mom said.

Late afternoon, they made a last stop at La Guancha[12], a boardwalk on the Caribbean Sea where you can feed the fish and enjoy a beautiful sunset.

"This is the perfect way to end our day," his mom said, putting her arm around him.

Mientras estaban en Ponce, fueron al Parque de Bombas, una histórica estación de bomberos en la Plaza Las Delicias, la plaza del pueblo.

— Las franjas rojas y negras son increíbles. ¡Mira ese viejo camión de bomberos!— Hasan estaba muy emocionado.

—Quédate ahí. Déjame retratarte— le dijo su mamá.

Por la tarde, hicieron una última parada en La Guancha, un paseo tablado en el mar Caribe donde podían alimentar a los peces y disfrutar de una hermosa puesta de sol.

—Esta es la manera perfecta de terminar nuestro día— dijo su mamá, poniendo su brazo alrededor de él.

Hasan realized that the people in Puerto Rico are very friendly. This made him feel right at home. Yet, he noticed something peculiar. Every time he introduced himself as Hasan, the people would call him Hasán[13].

"Why do they call me Hasán?" He giggled.

"In Puerto Rico, they add an accent to the last 'a' of your name because it is easier to pronounce, and it sounds more beautiful to them," his mom explained.

"I like it."

"Well, for this special adventure, we will call you Hasán."

Hasan se dio cuenta de que la gente en Puerto Rico es muy amable. Esto lo hacía sentir como en casa. Sin embargo, notó algo peculiar. Cada vez que se presentaba como Hasan, la gente lo pronunciaba como Hasán.

—¿Por qué me llaman Hasán?— preguntó riéndose.

—En Puerto Rico, añaden un acento a la última "a" de tu nombre porque es más fácil de pronunciar y suena más hermoso para ellos— explicó su mamá.

—Me gusta.

—Pues, para esta aventura especial, te llamaremos Hasán.

Hasán's mom wanted him to have different experiences, and the following day, she took him by the hand as they got on a guagua[14], a bus, to explore more of Puerto Rico. Hasán's eyes widened as people hopped in and out of the guagua.

"All seats are taken," his mom said. "If we see someone who needs a seat more than us, we will be kind and offer our seats to them. It's the Puerto Rican way to care for others."

"Yes, Mommy."

Hasán was amazed by how strangers on the guagua chatted like old friends.

"Hola[15]! What's your name?" they asked with big smiles.

"Hasán," he replied.

La mamá de Hasán quería que él tuviera diferentes experiencias y, al día siguiente, lo tomó de la mano mientras subían a una guagua, un autobús, para explorar más de Puerto Rico. Los ojos de Hasán se abrieron mientras la gente subía y bajaba de la guagua.

—Todas las sillas están ocupadas— dijo su mamá. —Si vemos a alguien que necesita un asiento más que nosotros, seremos amables y le ofreceremos nuestros asientos. Es la manera puertorriqueña de velar por los demás.

—Sí, mami.

Hasán quedó asombrado por cómo los desconocidos en la guagua charlaban como viejos amigos.

—¡Hola! ¿Cómo te llamas? — le preguntaban con grandes sonrisas.

— Hasán— respondía él.

When the guagua arrived in Old San Juan, Hasán saw historic landmarks like La Fortaleza[16], the governor's mansion, and El Morro[17], a grand fort built to protect the island from invaders.

On the rolling hills outside El Morro, he saw adults and children flying chiringas[18], kites, of all shapes, sizes, and colors that lit up an already bright, blue sky.

"Look, someone is selling chiringas," his mom said. "Let's get one so you can try flying it."

Hasán was overjoyed.

Cuando la guagua llegó al Viejo San Juan, Hasán vio lugares históricos como La Fortaleza, la mansión del gobernador y El Morro, un gran fuerte construido para proteger a la isla de los invasores. En las colinas cercanas a El Morro vio a adultos y niños volando chiringas, cometas de todas las formas, tamaños y colores que iluminaban un cielo ya brillante y azul.

—Mira, alguien está vendiendo chiringas— dijo su mamá. —Vamos a comprar una y podrás intentar volarla.

Hasán estaba emocionado.

On a very hot day, Hasán and his mom went to the beach to cool off. Hasán learned that Hola, Hello, sounded exactly like ola, wave.

"If you are in the water and someone shouts "!Hola/ola!" they might be warning you that a big wave is right behind you." His mom laughed as Hasán nodded, ready to get in the water.

When he got out, he met other children who invited him to play and help them build a sandcastle.

"Mommy, is it ok?"

"Yes, sweetie. Just don't go in the water without asking me."

En un día muy caluroso, Hasán y su mamá fueron a la playa para refrescarse. Hasán aprendió que "Hola" sonaba exactamente como "ola".

—Si estás en el agua y alguien grita "¡Hola/ola!", podrían estar avisándote que una gran ola está justo detrás de ti— su mamá se rio mientras Hasán asentía, listo para entrar al agua.

Cuando salió, conoció a otros niños que lo invitaron a jugar y a construir un castillo de arena.

—Mami, ¿está bien?

—Sí, cariño. Solo no entres al agua sin preguntarme.

20

During their adventures, Hasán visited El Yunque[19], the national rainforest. Along the way, he stopped to rest and look at the waterfalls. He saw lizards that looked like miniature iguanas[20] and oversized iguanas that changed colors from green to brown depending on their surroundings.

"Look, Mommy," Hasán was thrilled, "we don't have these in New Orleans!"

As they kept walking, Hasán asked often, "Are we there yet?" while he looked around trying to spot Puerto Rican species of hummingbirds, woodpeckers, parrots, and the small Indian mongoose.

"Remember, never touch or feed the animals. We have to respect their habitat," his mom said.

They finally made it up to the highest peak, El Toro[21], the bull.

"Yay!!! We did it," Hasán said, doing a happy dance.

"Isn't the view amazing?" his mom asked.

"Yes, and it's a little chilly. Maybe we should stay up here for a while," Hasán said, catching his breath.

Durante sus aventuras, Hasán visitó El Yunque, el bosque tropical nacional. En el camino, se detuvo a descansar y mirar las cascadas. Vio lagartijas que parecían iguanas en miniatura e iguanas gigantes que cambian de color de verde a marrón según su ambiente.

—Mira, mami. —Hasán estaba emocionado. —¡No tenemos estos en Nueva Orleans!

Mientras seguían caminando, Hasán preguntaba a menudo: "¿Ya llegamos?", mientras miraba a su alrededor tratando de ver especies puertorriqueñas de colibríes, pájaros carpinteros, loros y la pequeña mangosta india.

—Recuerda, nunca toques ni alimentes a los animales. Debemos respetar su hábitat— dijo su mamá.

Finalmente llegaron a la cima más alta, El Toro.

—¡Siii, lo logramos!— dijo Hasán bailando feliz.

—¿No es increíble la vista?— preguntó su mamá.

—Sí y hace un poco de frío. Tal vez deberíamos quedarnos aquí un rato— dijo Hasán, recuperando el aliento.

CHINAS
Kiosko
de frutas
23

On their way back from El Yunque, Hasán and his mom stopped at a fruit stand.

"Un coco frío, por favor[22]," a cold coconut, please.

The man grabbed the coconut and a machete[23], a big, sharp knife. Hasán's eyes opened wide while the man started to slice pieces from the top of the coconut until he made a pointy tip that he broke off. Now, there was a small hole where he put two straws.

"Gracias, señor[24]," thank you, mister.

While Hasán and his mom sipped on the refreshing water, he looked around, discovering many new fruits.

"Try this one. It's called quenepa[25]."

His mom handed him a green, round fruit that was the size of a marble.

"Is it sweet?" Hasán asked, curious.

"Yes, but it could be a little sour too. Just bite it in half, like this," his mom showed him, "and take the skin off. Only leave the skin on the bottom to make it easier to hold while you eat it. Just be very careful with the pit."

Hasán tried the pulpy, slippery fruit that was a light orange color inside.

"Mmm, it's delicious!" he said. "Mommy, look at all the different sizes of bananas!"

His mom smiled because she knew that Hasán was having a good time while he discovered new things.

De regreso de El Yunque, Hasán y su mamá se detuvieron en un puesto de frutas.

—Un coco frío, por favor.

El hombre agarró el coco y un machete, un cuchillo grande y afilado. Los ojos de Hasán se abrieron mientras el hombre comenzaba a cortar trozos de la parte superior del coco hasta que hizo una punta que rompió. Ahora, había un agujero pequeño donde puso dos sorbetos.

—Gracias, señor.

Mientras Hasán y su mamá bebían la refrescante agua del coco, él miraba alrededor descubriendo muchas frutas nuevas.

—Prueba esta. Se llama quenepa— su mamá le entregó una fruta redonda y verde del tamaño de una canica.

—¿Es dulce?— preguntó Hasán, curioso.

—Sí, pero también puede ser un poco agria. Muerde la mitad, así— su mamá le mostró —y quita la piel. Deja solo la piel en la parte inferior para que sea más fácil aguantarla mientras la comes. Solo ten mucho cuidado con la pepa.

Hasán probó la fruta pulposa y resbaladiza que era de color naranja claro por dentro.

—Mmm, ¡está rica!— dijo. —¡Mami, mira todos los tamaños diferentes de guineos!

Su mamá sonrió porque sabía que Hasán estaba disfrutando al descubrir cosas nuevas.

The next morning they traveled the coast heading west. Their first stop was El Mirador de Guajataca[26] on their way to Isabela[27], another one of Puerto Rico's 78 towns. There, they saw a beautiful view of the ocean and the mountains and took pictures next to a really big Puerto Rican flag. On their way to a town called Aguadilla[28], Hasán saw something amazing. It was a big face carved into the side of a mountain.

"Look, Mommy!" he shouted.

"That's La Cara del Indio[29], which means the Indian's Face. "It represents a legendary Taíno Cacique[30], chief, called Mabodamaca[31]. It is said that he protected his land and his people from others who wanted to take it away. In about 30 minutes, we'll be at Crash Boat."

"Can we eat first? I'm hungry."

"Of course. We can stop and try some delicious food at outdoor street stands called chinchorros[32]."

"Yay!"

Hasán and his mom shared some fried food favorites: bacalaitos[33], made of a batter with small pieces of cod fish; alcapurrias[34], a creamy plantain mix filled with meat or crab; and pastelillos[35], flour disks with meat, seafood, or cheese fillings. He also tried pinchos de pollo[36], seasoned and barbecued chicken thighs on a stick with a piece of bread.

"The food is really good," Hasán said.

For dessert, local treats like the piragua[37], shaved ice shaped like a cone and topped with fruit–flavored syrup, and the limber[38], a tropical juice or milk–based popsicle that is frozen in a plastic cup.

"Just squeeze the cup and when it's loose, you take it with your other hand and flip it upside down," she explained while helping Hasán.

"Now, I'm ready to go to the beach," he said.

A la mañana siguiente, viajaron por la costa hacia el oeste. La primera parada fue en El Mirador de Guajataca rumbo a Isabela, uno de los 78 pueblos de Puerto Rico. Allí, disfrutaron de una hermosa vista del océano y las montañas e, incluso, tomaron fotos junto a una bandera puertorriqueña muy grande.

Mientras se dirigían a un pueblo llamado Aguadilla, Hasán vio algo sorprendente. Era una gran cara tallada al lado de una montaña.

—¡Mira, mami! — gritó.

—Es la Cara del Indio y representa a un gran jefe taíno llamado Cacique Mabodamaca, quien protegió las tierras y su gente de otras personas que querían quitárselas. En unos 30 minutos estaremos en la playa de Crash Boat.

—¿Podemos comer? Tengo hambre.

—¡Por supuesto! En el camino podemos parar y probar comida típica en puestos al aire libre llamados chinchorros.

—Suena rico.

Hasán y su mamá compartieron algunas frituras como bacalaitos, hechos de masa y pequeños trozos de bacalao; alcapurrias, hechas con una mezcla cremosa de plátano y rellenas de carne o cangrejo y pastelillos, hechos de discos de harina y rellenos de carne, mariscos o queso. También probó pinchos de pollo hechos a la barbacoa con caderas sazonadas en un palillo y servidas con un trozo de pan.

—Me gusta mucho la comida— dijo Hasán.

No podían faltar los postres locales como la piragua, hielo raspado en forma de cono y cubierto con jarabe de sabor a frutas y el limber, puré de frutas tropicales o mezcladas con leche y congeladas en vasos plásticos.

—Simplemente aprietas el vaso y cuando esté suelto, lo tomas con la otra mano y lo volteas boca abajo— explicó su mamá mientras lo ayudaba.

—Ahora sí estoy listo para ir a la playa—dijo Hasán.

Hasán not only loved the food, but he enjoyed the music. Everywhere he went people sang and danced to the rhythms of salsa[39], merengue[40], and reguetón[41].

"This music makes people happy," Hasán said.

"It is part of who we are," his mom replied. "Growing up in Puerto Rico, I was blessed that your grandpa Joe was a professional musician. Every time there was a special event at my school, he was invited to play the national anthem, La Borinqueña[42], and other types of music that touched people's hearts."

His mom explained that En mi viejo San Juan[43], Preciosa[44], and Verde luz[45] were among the most beautiful songs that brought enormous pride and joy because they described everything we love about Puerto Rico.

A Hasán no solo le gustó la comida, sino que también disfrutó de la música. Dondequiera que iba, la gente cantaba y bailaba al ritmo de la salsa, el merengue y el reguetón.

—Esta música realmente hace feliz a la gente— dijo Hasán.

—Es parte de quienes somos— respondió su mamá. —Creciendo en Puerto Rico, fui bendecida porque tu abuelo, José, es un músico profesional. Cada vez que había un evento especial en mi escuela, lo invitaban a tocar el himno nacional, "La Borinqueña", y otros estilos de música que conmueven los corazones.

Su mamá explicó que "En mi viejo San Juan", "Preciosa" y "Verde luz" estaban entre las canciones más hermosas que llenaban a las personas de orgullo y alegría porque describían todo lo que amamos de Puerto Rico.

San
Preciosa
28

HASÁN
6

Days later, Hasán had a great surprise. His dad had arrived for his 6th birthday. His mom invited Hasán's new friends to help celebrate this special day. Hasán learned different ways of singing "Happy Birthday."

"¡Feliz cumpleaños a ti[46]...!" "Feliz, feliz en tu día[47]...," he sang along surrounded by laughter.

"Thanks, Daddy and Mommy! This has been the best vacation ever." Hasán hugged his mom and dad.

Días después, Hasán tuvo una gran sorpresa. Su papá había llegado para su cumpleaños número seis. Su mamá invitó a sus nuevos amigos para celebrar este día especial. Hasán aprendió diferentes formas de cantar el "Happy Birthday".

— ¡Feliz cumpleaños a ti...! ¡Feliz, feliz en tu día...!—, cantó rodeado de risas. —¡Gracias, papi y mami! Estas han sido mis mejores vacaciones.

Hasán los abrazó.

As this incredible summer adventure came to an end, Hasán's heart was full of love and memories. He gained a deep appreciation for his heritage and learned so much about the pride and unity of the Puerto Rican people.

As he looked through the window of the plane heading back to New Orleans, Hasán waved goodbye to the Enchanted Island and proudly said, "Yo soy boricua pa' que tú lo sepas[48]," "I'm Puerto Rican, just so you know."

From that moment and forever, Hasán will always carry Puerto Rico in his heart.

A medida que esta increíble aventura de verano llegaba a su fin, el corazón de Hasán estaba lleno de amor y recuerdos. Adquirió una profunda apreciación por su herencia y aprendió mucho sobre el orgullo y la unidad del pueblo puertorriqueño.

Mientras miraba por la ventana del avión de regreso a Nueva Orleans, Hasán agitó su mano despidiéndose de la Isla del Encanto y dijo con orgullo: —Yo soy boricua pa' que tú lo sepas.

A partir de ese momento y para siempre, Hasán llevará a Puerto Rico en su corazón.

***To this day Hasan introduces himself and is known to all his friends as Hasán. Puerto Rico literally changed his name.

***Hasta el día de hoy, Hasan se presenta y es conocido por todos sus amigos como Hasán. Puerto Rico literalmente cambió su nombre.

Phonetic Pronunciations

1. La Isla del Encanto "lah EE–slah del en–KAHN–toh"
2. coquí "koh–kee"
3. Ponce "pawn–say"
4. Centro Ceremonial Indígena de Tibes "SEHN–troh SEH–reh–moh–nee– AHL een–DEE–hee–nah deh TEE–behz"
5. Taíno "tie–EE–noh"
6. Borikén "boh–ree–KEHN"
7. Borinquen "boh–reen–KEHN
8. Boricua "boh–REE–kwah"
9. bohío "boh–HEE–oh"
10. Parque de Bombas "PAHR–kay day BOM–bahs"
11. Plaza Las Delicias "PLAH–zah lahs deh–LEE–see–ahs"
12. La Guancha "lah gwahn–cha"
13. Hasán "hah–SAHN"
14. guagua "gwah–gwah"
15. Hola "oh–lah"
16. La Fortaleza "lah fohr–tah–LEH–sah"
17. El Morro "el MOH–roh"
18. chiringas "chee–REEN–gahs"
19. El Yunque "el YOON–kay"
20. iguanas "ih–GWAH–nuhs"
21. El Toro "el toh–roh"
22. Un coco frío, por favor "oon koh–koh free–oh, por fah–vor"
23. machete "muh–SHEH–tee"
24. Gracias señor "grah–see–ahs seh–nyor"
25. quenepa "keh–neh–pah"
26. El Mirador de Guajataca "el mee–rah–dohr day gwa–hah–tah–kah"
27. Isabela "ee–sah–BEH–lah"
28. Aguadilla "ah–gwah–DEE–yah"
29. La Cara del Indio "lah kah–rah del een–dee–oh"
30. Cacique "kah–SEE–kay"
31. Mabodamaca "mah–boh–duh–mah–kah."
32. chinchorros "cheen–CHOH–rohs"
33. bacalaitos "bah–kah–LAH–ee–tohs"
34. alcapurrias "ahl–kah–POO–ree–ahs"
35. pastelillos "pah–steh–LEE–yohs"
36. pinchos de pollo "PEEN–chohs day POH–yoh"
37. piragua "pee–rah–GWAH"
38. limber "LIHM–burr"
39. salsa "SAHL–suh"
40. merengue "muh–RENG–gay"
41. reguetón "ray–geh–TOHN"
42. La Borinqueña "lah bor–een–KAY–nyah"
43. En Mi Viejo San Juan "en mee vyeh–hoh sahn hwan"
44. Preciosa "preh–see–OH–sah"
45. Verde Luz "vehr–deh looz"
46. Feliz cumpleaños a ti "feh–lees koom–pleh–ah–nyohs ah tee"
47. Feliz, feliz en tu día... "feh–lees, feh–lees en too dee–ah"
48. Yo soy boricua pa' que tú lo sepas "yo soy boh–ree–kwah pah keh too loh seh–pahs"

thank  you  gracias

Dios
Ibrahim Al-Shaar
Jeannette Prater
Escuela Central de Artes Visuales
Profesor Eli Samuel Reyes
Samara Nicole Eckert
Profesora Mayra Silva
Estudiantes de Diseño Publicitario
de "La Central"
Diana Carolina Sostre Navarro
Editora inglés Sally Shupe
Editora español Aileen C. Nieto
Diagramador Ángel Rivera
Albert Huertas
Rayito de Esperanza
Miguel A. Vicente Class
Alex O. Carrasqillo Sánchez
Liliana Aponte González
Caribbean Cinemas
Elena Declet
Kairish Gladymar Sánchez

GMT, LLC
Sam Ramos y Michi Reyes
Marissa Brull
**Puerto Rico Biomedical
Corp.,Carolina**
Germán J. Padró
Anónimo
GSLS Enterprise
Josean y Diana abuelos de
Gian Franco Lluveras
Nabila Fine Jewelry
Lourdes Martínez
Puerto Rican Art & Crafts
Christina Amador
Michelle Amador
Casa Norberto
The Bookmark
La Casita Books and Gifts
Paco Pares y Marisol Martínez
Extreme Graphics
Noel Huertas

Nilda I. Luhring González, PhD
Nildamarie Díaz Hiraldo
Adriana Rozas Rivera
Migna Torres
Radio Universidad
Isamari Castrodad
Glenn Monroig
Mayra González
Golín García
Marina Alemán
Heriberto Castro
Teresa Martínez
Johanna Padró
Sonia Lantigua
Marinés Soto
Ruth E. Collazo
Gladys Ortiz
Margaret De Jesús
Nilda Soto
Merissa Butler

Grupo Taller Diseño Publicitario
Escuela Especializada Central de Artes Visuales

Profesor Elí Samuel Reyes
Darel A. Tricoche Austin, Lola Patricia Toro Cesani, Yulyz Hiledith Martínez Díaz,
Leylanie Solei Rivera Meléndez, Kenisha Amada Rivera Clemente , Samara Nicole Eckert,
Mia Joelis Maura Colón, Darismar A. Rodríguez Marín, Ana Beatriz Santiago Vega, Alexa Suárez Ruiz

HASÁN'S ADVENTURES IN PUERTO RICO
READ ALONG
LAS AVENTURAS DE HASÁN EN PUERTO RICO
LEE CONMIGO

NARRATED
NARRACIÓN

DIANA CAROLINA SOSTRE NAVARRO

SCAN ME

VISIT
WWW.YVETTECANOURA.COM
FOR ACTIVITY SHEETS

Encuentranos en las redes sociales.

Rayito de Esperanza
Cáncer Pediátrico

¡TU DONATIVO SALVA VIDAS!

Puede hacer su donación por
Paypal & ATH Móvil

/RayitoDeEsperanzaPR